BILBO

Collection dirigée par
Stéphanie Durand

De la même auteure chez Québec Amérique

Ma vie ne sait pas nager, coll. Titan+, 2006.

- **Première position - Palmarès Communication-Jeunesse 2007 Livre préféré des jeunes (catégorie 12-17 ans)**
- **Prix du livre jeunesse des bibliothèques de Montréal 2007**
- **Prix Alvine Belisle 2007**
- **Mention spéciale *White Ravens* 2007**
- **Liste d'honneur IBBY 2007**

SÉRIE PHILIPPE

Le père Noël travaille à mon école, coll. Bilbo, 2006.

Mon prof est une sorcière, coll. Bilbo, 2004.

- **Première position - Palmarès Communication-Jeunesse 2006 Livre préféré des jeunes (catégorie 5-8 ans)**

SÉRIE FLAVIE

Une histoire tout feu tout flamme, coll. Bilbo, 2002.

Une histoire à dormir debout, coll. Bilbo, 2001.

Une histoire du tonnerre, coll. Bilbo, 2000.

Une histoire tirée par la queue, coll. Bilbo, 1999.

- **Prix Cécile-Gagnon 2000**

La *fée des dents* m'a posé un lapin !

Catalogage avant publication de Bibliothèque et Archives nationales du Québec et Bibliothèque et Archives Canada

Turgeon, Élaine
La fée des dents m'a posé un lapin!
(Série Philippe; 3)
(Bilbo; 186)
Pour enfants.
ISBN 978-2-7644-0782-0
I. Titre. II. Collection: Turgeon, Élaine. Série Philippe; 3.
III. Collection: Bilbo jeunesse; 186.
PS8589.U697F43 2011 jC843'.54 C2011-940311-0
PS9589.U697F43 2011

Conseil des Arts du Canada Canada Council for the Arts

SODEC Québec

Nous reconnaissons l'aide financière du gouvernement du Canada par l'entremise du Fonds du livre du Canada pour nos activités d'édition.

Gouvernement du Québec – Programme de crédit d'impôt pour l'édition de livres – Gestion SODEC.

Les Éditions Québec Amérique bénéficient du programme de subvention globale du Conseil des Arts du Canada. Elles tiennent également à remercier la SODEC pour son appui financier.

Québec Amérique
329, rue de la Commune Ouest, 3e étage
Montréal (Québec) H2Y 2E1
Téléphone: 514 499-3000, télécopieur: 514 499-3010

Dépôt légal: 1er trimestre 2011
Bibliothèque nationale du Québec
Bibliothèque nationale du Canada

Projet dirigé par Marie-Josée Lacharité
en collaboration avec Geneviève Brière
Révision linguistique: Alexie Morin et Diane-Monique Daviau
Mise en pages: André Vallée – Atelier typo Jane
Conception graphique: Nathalie Caron

www.quebec-amerique.com

Imprimé au Canada

ÉLAINE TURGEON

La *fée des dents* m'a posé un lapin !

ILLUSTRATIONS DE MARIE-CLAUDE FAVREAU

Québec Amérique

À *Tu sais qui* *

* Pour ceux qui ne savent vraiment pas de qui il s'agit et qui sont, par ailleurs, très curieux, sachez que *Tu sais qui* est le nom que portait un bébé à naître, lors de l'écriture de ce livre. Au moment où vous lisez ce dernier, le bébé en question est sûrement né et porte un tout autre nom. Mais comme les livres s'écrivent bien avant qu'on les imprime, il vous faudra patienter jusqu'au prochain livre pour en avoir le cœur net !

Croire ou ne pas croire, cela n'a aucune importance. Ce qui est intéressant, c'est de se poser de plus en plus de questions.

Bernard Weber

1

La vraie vérité

Vous arrive-t-il de ne plus savoir où donner de la tête? Depuis un petit bout de temps, je suis sur les dents et je ne sais vraiment plus à qui me fier. Mon prof est une vraie de vraie sorcière, le véritable père Noël a remplacé notre concierge il y a quelques semaines, et je suis presque sûr, pratiquement certain et même quasiment convaincu que mon prof d'éduc s'est fait enlever par d'authentiques extraterrestres, pas plus tard que jeudi passé!

Bon. Vous me direz que c'est déjà pas mal, mais attendez, il y a

pire ! Je vous le jure, ma vie est un véritable tourbillon depuis que je fréquente cette école. Pas moyen de se concentrer. Il y a toujours quelque chose qui cloche et qui m'empêche de dormir la nuit. En fait, pour être honnête, ce qui m'a surtout empêché de trouver le sommeil, ces derniers temps, c'est une histoire de dent. J'ai perdu la première de mes dents de lait il y a quelques jours.

Vous pensez qu'il n'y a rien d'anormal là-dedans, mais attendez, ce qui m'a tenu éveillé, ce n'est pas ma dent. Non, c'est la fée des dents ! En fait, je devrais plutôt dire que ce qui m'a empêché de dormir, c'est l'incroyable, que dis-je, l'EXTRAORDINAIRE nouvelle que j'allais bientôt pouvoir dévoiler au monde entier. Vous êtes intrigué ? Vous voulez savoir ce que c'est? Eh bien, croyez-le ou non, il y a quelques jours, j'étais à deux doigts de prouver que non seulement la fée des dents existe, mais qu'en plus, elle travaille, elle aussi, à mon école!

2

Y croire ou pas ?

D'abord, comme tout enfant normal, j'ai fait confiance à mes parents. J'ai consciencieusement écrit au père Noël, j'ai rigoureusement cru au Bonhomme Sept Heures et j'envisageais docilement de placer ma première dent perdue sous l'oreiller en attendant la visite de la fée des dents, le moment venu. Mais il y a quelque temps, j'ai commencé à avoir des doutes. Je me suis mis à me questionner, en particulier, sur certains détails louches liés à la fée des dents. Par exemple, comment se fait-il qu'elle ne laisse pas toujours le même montant sous l'oreiller? Pourquoi mon ami Thomas reçoit-il cinq dollars par dent perdue alors que mon cousin se plaint de n'en recevoir que deux?

J'ai interrogé ma mère, mais elle a paru embarrassée et elle a bredouillé une réponse inaudible avant de s'enfuir en prétextant un besoin urgent. J'ai questionné mon père, mais tout ce qu'il a trouvé à me répondre, c'est : « Vous les jeunes, vous vous plaignez toujours le ventre plein. Vous devriez vous compter chanceux, car dans mon temps, les enfants ne recevaient que des sous noirs. » Il a même ajouté : « Les poules auront des dents, le jour où la fée des dents te laissera cinq dollars par dent perdue ! » Je me demande ce qu'il voulait dire.

À force de retourner la question dans tous les sens, j'en suis même venu à me demander si la fée des dents existait vraiment et si nos parents n'avaient pas un rôle à jouer là-dedans. Et si le père Noël, le Bonhomme Sept Heures et tous ces personnages n'étaient qu'une invention des adultes pour nous obliger à être sages, à nous coucher tôt ou encore à nous brosser les dents ? Non, ce serait trop bête. D'ailleurs, si c'était le cas, ça se saurait, non?

Enfin, je ne sais pas si c'est seulement une coïncidence, mais c'est à ce moment-là que j'ai reçu un premier message de quelqu'un qui prétendait être la fée des dents en personne! Juste au moment où je commençais à remettre en question son existence. Étrange, vous ne trouvez pas?

3

FDD

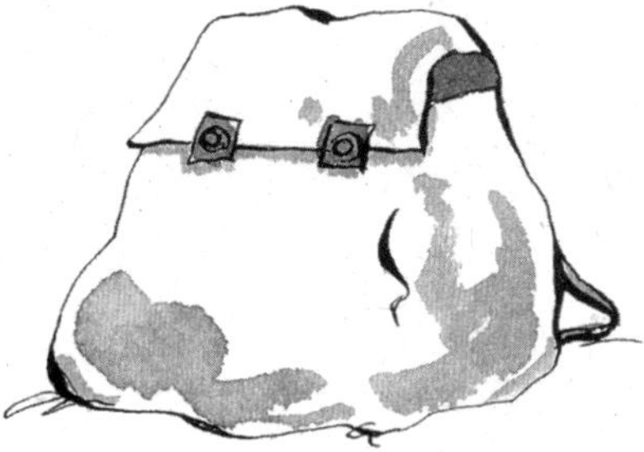

Ça a commencé au début de la semaine. Quand j'ai fait mon sac pour y mettre mon ÉNORME pile de devoirs (mon prof aime ça, les devoirs. On dirait qu'elle pense qu'on ne sait pas quoi faire de nos soirées et qu'on va tout oublier ce qu'on a appris si on a un petit moment de détente...). En tout cas, toujours est-il que lorsque j'ai vidé mon sac pour y faire entrer ma tonne et demie de devoirs, j'ai trouvé un gros paquet de feuilles toutes chiffonnées au fond. Il y avait des feuilles que j'aurais dû remettre à mes parents depuis longtemps (Oups!), un dépliant que l'hygiéniste dentaire nous avait donné pour nous expliquer comment nous brosser les dents, et... beurk! un bas qui ne semblait pas être à moi. Bref, j'allais lancer le tout dans le fond de ma case quand une enveloppe a attiré mon attention. C'était une banale enveloppe blanche. Mais sur le dessus, il y avait mon nom, tracé en lettres dorées. Quand je l'ai ouverte, une douce odeur de menthe s'en est échappée. On aurait dit que le papier était parfumé... à la pâte à dents!

Cher Philippe,
J'ai su, entre les branches, que tu menais une enquête sur moi et j'ai décidé de t'aider un peu. Savais-tu que certaines fées ont en commun une caracté-ristique qui est celle d'être à la fois gentille et méchante? Pour savoir si je suis d'humeur gentille, suis ma piste...
FDD

Au moment où j'ai relevé les yeux de la lettre, mon regard s'est posé sur une affiche de l'Association dentaire canadienne. Je sais, c'est bizarre, mais c'est la pure vérité. Ma classe est juste à côté du bureau de Daphnée, l'hygiéniste dentaire. Vous savez, celle qui vient nous montrer comment prendre soin de nos dents et qui nous parle de la meilleure amie des bonbons : la redoutable carie! Eh bien, elle a placé plein d'affiches de dents, de brosses à dents et d'enfants qui sourient à pleines dents dans le corridor. Je méditais sur l'une d'entre elles, en me demandant ce que signifiait «FDD», quand Daphnée est sortie de son bureau. Ça s'est passé très vite et je ne peux pas le jurer, mais j'ai eu la vague impression qu'elle m'avait fait un léger, vraiment léger

clin d'œil. C'est là que j'ai compris ce que voulait dire FDD.

Ça faisait un petit moment que je soupçonnais l'hygiéniste dentaire de mon école d'être la fée des dents. Elle avait toutes les caractéristiques d'une fée : chevelure soyeuse, teint de pêche, démarche gracieuse, sourire étincelant, regard envoûtant, voix charmante… Oui, plus j'y pensais et plus il y avait de chances que ce soit elle, FDD.

En tout cas, une chose était sûre, c'est que peu importe son identité, la fée des dents connaissait le numéro de mon casier. Pire, elle savait que je menais une enquête pour la démasquer. Il allait donc falloir être prudent. Mais pourquoi disait-elle que les fées étaient parfois gentilles et parfois méchantes? Allait-elle être méchante avec moi parce qu'elle croyait que je l'avais démasquée et que j'allais la dénoncer? Avait-elle une dent contre moi?! Il allait falloir que je me méfie…

4

Plus discret que ça... tu meurs !

Alors comme ça, la fée des dents existait pour de vrai et elle m'envoyait un message, à moi, Philippe Falardeau. Plus j'y pensais, plus je trouvais ça étrange. Pourquoi voulait-elle m'aider à la démasquer? Et si ce n'était pas la fée des dents qui m'écrivait, qui d'autre aurait eu intérêt à se faire passer pour elle? Qui savait que j'étais sur la piste de la fée des dents? En avais-je parlé à quelqu'un? Qui savait que je savais? J'avais beau chercher, je ne voyais vraiment pas. Il me semblait avoir été plutôt discret. C'est à ce moment-là qu'une voix m'a sorti de mes réflexions.

— Salut Philippe! Qu'est-ce que tu fais? Encore en train de chercher une façon d'attraper la fée des dents?!

Allez savoir pourquoi, Thomas se moque toujours de moi! Il doit être jaloux. C'est sûr. Il ne parviendrait même pas à démasquer un voleur masqué s'il en avait un

devant lui. Ses paroles résonnaient encore dans ma tête quand ça m'est subitement revenu. Mais oui, je l'avais dit devant toute la classe, la fois où Daphnée était venue pour nous montrer comment nous laver les dents!

Je ne sais pas si je vous l'ai dit, mais Daphnée, c'est la personne que je connais qui a les plus belles, que dis-je, les plus extraordinaires dents du monde. Je n'ai jamais vu de sourire aussi blanc, aussi étincelant, aussi blanc, aussi propre, aussi blanc, aussi parfait, aussi blanc, aussi radieux et aussi blanc de toute ma vie! Enfin, cette fois-là, j'ai levé la main et je lui ai innocemment demandé si c'était elle, la fée des dents.

Je dis innocemment, mais en fait, c'était voulu. Je savais *très bien*

ce que je faisais et tout ce que je voulais, c'était la prendre par surprise, devant tout le monde, pour voir sa réaction. Malheureusement, personne n'a compris mon astuce et toute la classe a ri si fort que je n'ai pas entendu sa réponse… En plus, mon prof l'a répété à ma mère, qui s'est empressée de le répéter à toutes ses amies, qui l'ont sûrement répété à leur famille entière et à tous leurs voisins, qui eux l'ont, vous l'aurez certainement deviné, répété au monde entier!

5

Qui, que, quoi, où, pourquoi ?

Le soir, j'étais couché dans mon lit et je n'arrivais pas à m'endormir. Trop de questions me turlupinaient l'esprit. Je me demendais, entre autres, pourquoi on reçoit de l'argent quand on perd une dent. C'est bien la seule fois dans notre vie qu'on est récompensé pour avoir perdu quelque chose. C'est vrai, moi je perds tout, tout le temps : ma tuque, mes mitaines, mon sac d'école, ma boîte à lunch, mes devoirs, mes bas, mes crayons, mon efface, ma règle, mon linge d'éduc... Mon prof a même dit à ma mère, un jour, que je perdais mon temps et que si ça continuait, j'allais lui faire perdre patience!

Je me suis ensuite demandé si nos dents étaient la seule partie du corps qu'on perdait. Hum... On perd bien nos cheveux, mais à ma connaissance, il n'y a pas de fée des cheveux. S'il y en avait une, mon oncle Guy serait riche! Mon père a bien perdu du poids depuis qu'il s'est remis au jogging, et ma mère perd parfois son sang-froid, mais est-ce qu'on peut considérer ça comme des parties du corps?

Puis, sans que je puisse rien faire pour les arrêter, des tonnes de questions se sont mises à jaillir de mon cerveau comme autant de grains de pop corn : que font les fées avec nos dents? Qui les informe qu'on a perdu une dent?

Où les entreposent-elles? Où prennent-elles leur argent? Que font-elles avec les dents cariées? Y a-t-il une formation pour devenir fée des dents? Que font-elles dans leur temps libre? Combien de dents perd un enfant? Pourquoi doit-on placer notre dent sous l'oreiller? Pourquoi pas ailleurs? Si un enfant reçoit deux dollars par dent perdue, combien ça fait d'argent, en tout? Et un enfant qui reçoit cinq dollars? Et...

Vous êtes-vous déjà demandé pourquoi il y a tant de questions sans réponse? Moi, je me pose tellement de questions que j'en arrive parfois à me demander pourquoi je me pose tant de questions!

6

Laissez un message !

Le lendemain, j'ai passé la journée à inventer des prétextes pour sortir de la classe : un crayon oublié dans mon sac, une envie urgente, un besoin subit de me dégourdir les jambes, du somnambulisme de jour... En fait, tout ce que je voulais, c'était

pouvoir garder un œil sur ma case au cas où je recevrais un deuxième message. À la fin de la journée, j'avais eu beau passer et repasser, l'air de rien, devant le bureau de Daphnée et fouiller, de fond en comble et à plusieurs reprises, mon sac et mon casier, je n'avais intercepté aucune messagère et reçu aucune missive…

C'est en arrivant à la maison, au moment où je m'y attendais le moins, que j'ai reçu le deuxième message. J'avais profité du fait que ma mère était partie poster une lettre au coin de la rue pour grimper sur une chaise et atteindre sa cachette secrète de biscuits quand le téléphone s'est mis à sonner. Du haut des airs, mon œil de lynx a alors capté le numéro de

FARINE

l'appelant. Et devinez quoi? C'était celui de mon école!

Là, vous vous dites : «Quoi? Non seulement la fée des dents connaît son numéro de casier, mais en plus, elle connaît son numéro de téléphone?» Eh bien, j'ai pensé la même chose et je n'ai fait ni une ni deux : j'ai plongé sur l'appareil tandis que la deuxième sonnerie retentissait. Malheureusement, mon plongeon n'a pas été un succès et j'ai seulement réussi à m'écraser en bas de ma chaise, au son du troisième «Dring!»

Après trois sonneries, notre répondeur se met en marche. Je savais donc que je venais de manquer l'appel, mais tout n'était pas perdu, car il était encore possible que la fée des dents laisse un message et que ça constitue même une preuve ! J'ai respiré trois bons coups avant de prendre l'appareil et de m'apercevoir qu'il y avait effectivement un message.

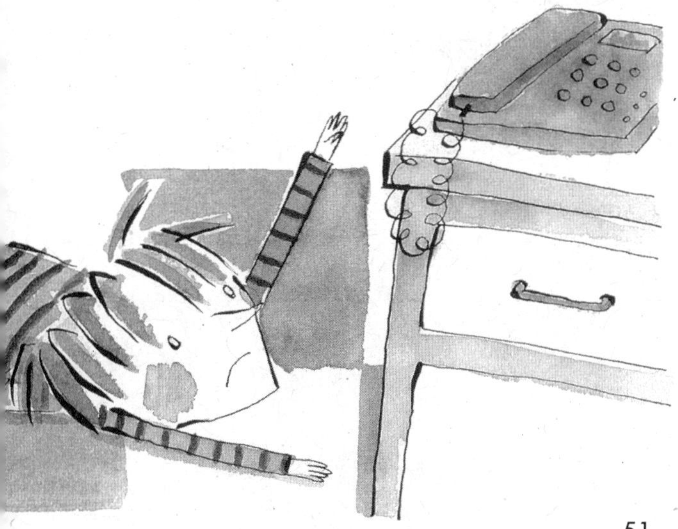

Bonjour Philippe,
Tu ne le sais peut-être pas, mais je porte différents noms. Dans certains pays francophones, on m'appelle la Petite Souris. On me surnomme aussi Ratoncito Perez ou encore El raton dans des pays hispanophones.
Oh, j'oubliais. On m'a dit que tu avais une dent qui branle... Nous aurons peut-être le plaisir de nous rencontrer bientôt ?
Ciao !

J'ai appuyé plusieurs fois sur le bouton pour réécouter le message. J'étais sous le choc, complètement ému, absolument troublé, pas mal sonné. Bref, vous aurez compris que je n'en revenais pas ! Non seulement la fée des dents me contactait, mais en plus, elle me donnait un rendez-vous ! Moi, Philippe Falardeau, j'avais rendez-vous avec la fée des dents !

7

Le profil de l'emploi

Donc, je n'étais pas fou. La fée des dents travaillait bel et bien à mon école ou, en tout cas, avait accès à ses corridors et à ses téléphones. Par contre, plus j'y pensais et moins l'idée que Daphnée puisse être la fée des dents me semblait plausible. Ça ne pouvait pas être elle, c'était trop évident. Si une fée des dents voulait passer inaperçue dans une école, elle ne se déguiserait pas en hygiéniste dentaire. Non, plus je creusais la question et plus je me disais que Daphnée n'était qu'une couverture. Si j'étais une fée, moi, je choisirais un déguisement plus subtil. Mais lequel?

J'ai réécouté le message encore une fois. La voix m'était familière, mais je n'arrivais pas à lui associer de visage. On aurait dit que la personne était enrhumée ou très très loin. Sa voix était comme étouffée.

Puis, je me suis demandé à quoi ça ressemblait, une fée des dents. En avait-on déjà vu une? Chose certaine, ça devait être une personne très très très discrète et qui peut se déplacer sans faire de bruit, car sinon, comment ferait-elle pour glisser de l'argent sous notre oreiller sans qu'on s'en rende compte? Je me suis demandé si quelqu'un avait ces qualités à l'école. Qui ferait une bonne fée des dents? Qui avait le profil de l'emploi? La prof de musique? Non,

elle est plutôt du genre bruyante et elle porte un dentier. Ça ne fait pas très sérieux pour une fée des dents. L'infirmière? Impossible, elle bavarde sans cesse et en plus, elle a mauvaise haleine. L'orthopédagogue? Elle ne fait pas beaucoup de bruit, mais on ne peut pas exactement dire qu'elle a les dents de l'emploi. Ses dents sont croches et elle a des canines très pointues. D'ailleurs, il faudrait que j'enquête là-dessus. C'est louche, de si longues canines.

J'ai dû interrompre mes réflexions là, car j'ai entendu les pas de ma mère qui revenait et elle ne devait surtout pas savoir que je connaissais l'existence de sa cachette secrète de biscuits. Dans mon énervement, j'ai appuyé sur le mauvais bouton et, bien malgré moi, j'ai effacé le message de FDD... Ma preuve vocale venait de s'envoler.

8

Une autre vraie fée des dents ?

Je n'ai pas eu à chercher longtemps pour mettre la main sur une deuxième suspecte. Elle m'attendait, le matin même, au coin de la rue. Quand je suis arrivé à la traverse de piétons, le père de Thomas était accroupi et tentait en vain de décoincer la fermeture éclair du manteau de son fils. Fernande, la brigadière scolaire, les observait en faisant tournoyer son panneau d'arrêt entre ses doigts. Soudain, elle s'est mise à l'agiter devant elle comme si c'était une baguette magique et s'est dirigée vers eux. Moi, en bon espion qui ne voulait rien manquer, je me suis lancé derrière un arbre et, pour plus de sûreté, j'ai fait semblant d'attacher mon soulier.

—Je peux? a-t-elle demandé en tendant ses mains blanches et délicates vers la fermeture éclair récalcitrante.

—Vous pouvez essayer, mais je crois que c'est peine perdue, lui a répondu le père de Thomas.

Fernande a alors exécuté un rapide mouvement du genre de ceux qu'utilisent les magiciens pour jeter de la poudre aux yeux à leurs spectateurs. Et devinez quoi? La fermeture éclair a miraculeusement coopéré et ses dents, telles celles d'un enfant d'orthodontiste, s'alignaient maintenant parfaitement!

— Des vrais doigts de fée! s'est exclamé le père de Thomas.

À ces mots, Fernande a rosi et toussoté légèrement. Vous pensez peut-être que c'est à cause du père de Thomas qui venait de lui faire un compliment, mais moi, je savais que c'était parce qu'elle venait juste de se faire démasquer. Une nouvelle question a lentement pris forme dans ma tête : et si c'était elle, la *vraie* fée des dents ?

Je me suis dit : c'est logique, elle peut circuler dans l'école. Elle a facilement accès à mon casier et même au téléphone. Tout le monde lui fait confiance et en plus, elle est super discrète. Vous vous demandez comment je peux savoir ça ? C'est simple, je le sais, car elle fait souvent sursauter la secrétaire quand elle arrive dans son bureau. Et ça, je le sais, car je vais souvent voir la secrétaire de mon école.

Je suis le champion pour trouver un prétexte pour aller faire une petite visite à Nicole : j'ai besoin d'un pansement, ou alors je dois faire un appel urgent et extrêmement important, ou mieux, je dois impérativement aller voir ma mère qui fait parfois du bénévolat à la bibliothèque, ou, encore plus fréquemment, je trouve un objet perdu ou un pauvre petit de maternelle égaré. Bref, je suis souvent au secrétariat, ce qui me permet d'observer et de mener mes enquêtes sans en avoir l'air. C'est d'ailleurs ce que j'ai fait, au retour de la récré. J'ai prétexté une entorse et un besoin extrême de glace et je suis allé m'asseoir devant le bureau de Nicole pour planifier la suite des événements.

Maintenant que j'avais découvert la réelle identité de Fernande et que je savais que l'hygiéniste dentaire n'était qu'une couverture pour confondre les enfants naïfs, il me fallait trouver une astuce pour prendre sur le fait Fernande, la fée des dents. Et vous savez quoi? C'était ma palette qui allait m'en fournir l'occasion.

9

De source sûre

En arrivant à la maison, j'ai vérifié le répondeur. Rien. J'ai revérifié dans mon sac d'école. Rien. J'ai même regardé sous mon oreiller, au cas où, et, devinez quoi? Il n'y avait rien non plus.

En allant me chercher une collation, j'ai remarqué que ma mère avait déposé le courrier sur le comptoir. Habituellement, je ne regarde jamais le courrier, mais vous comprenez que dans les circonstances, je me devais de l'éplucher. J'y ai trouvé des factures, un carton publicitaire vantant les mérites d'un tout nouveau régime super facile et incroyablement efficace, encore des factures, la publicité d'une pizzeria qui annonçait une super promotion incroyable et, cachée, entre deux autres factures, il y avait... eh oui, une lettre pour moi!

Je me demande comment le facteur a fait pour savoir où j'habitais, car il n'y avait pas d'adresse sur l'enveloppe. Pas de timbre, ni d'adresse de l'expéditeur. Seulement mon nom, écrit en lettres dorées...

Mon cher Philou,

Voici quelques rituels autour des dents de lait :

En Haïti, aux Philippines, au Guatemala et au Brésil, les enfants jettent leurs dents par-dessus le toit de leur maison et font un voeu.

En Argentine et en Suède, les enfants déposent leurs dents dans un verre d'eau. Je bois l'eau et laisse de l'argent en échange de la dent.

Dans certains pays asiatiques, les enfants enterrent leurs dents dans le jardin.

Et toi, que feras-tu avec ta dent ?

FDD

Bon, de toute évidence, la fée des dents voulait m'instruire! Mais ce qu'elle ne savait pas, c'est que j'avais déjà mené ma propre enquête sur son compte : entrevues, requêtes sur Internet, visite à la bibliothèque. J'étais très bien renseigné et j'avais entre autres appris, par Marco, mon voisin de case, que la fée des dents n'avait pas d'ailes, mais qu'elle se déplaçait en libellule. J'avais par contre des doutes sur cette information.

J'avais aussi lu sur Internet que quelqu'un avait appris de la bouche de quelqu'un, qui l'avait su d'un autre, qui lui, le savait de source sûre, qu'une petite fille aurait déjà *presque* réussi à démasquer la fée des dents. Il semblerait que l'enfant en question recevait des messages de la fée des dents (comme moi, c'était un signe!). Il paraîtrait aussi qu'avant de s'endormir, la fille aurait déposé sa dent sous son oreiller et qu'au cours de la nuit, la fée des dents s'en serait emparée (de la dent, pas de la fille !). Elle lui aurait laissé, en échange, un dernier message. Et savez-vous ce qu'elle y avait écrit ? MEILLEURE CHANCE LA PROCHAINE FOIS ! C'est tellement cruel… Ça doit être ça qu'elle voulait dire quand elle écrivait qu'elle pouvait être méchante !

Quoi qu'il en soit, moi, Philippe Falardeau, je n'étais pas aussi bête que cette enfant et je n'allais pas me faire duper par la fée des dents, alias ma fausse brigadière scolaire. J'allais concevoir un plan ingénieux, tout à fait brillant et totalement infaillible. J'allais lui tendre un piège.

10

On se calme !

Puis, le grand jour est arrivé. Ma palette branlait depuis des semaines et menaçait de tomber depuis quelques jours, mais j'avais bien fait attention de ne pas manger de pommes et je m'étais abstenu de pratiquer des sports extrêmes comme la tague ou le yoyo. Tout ça pour éviter que ma dent tombe au mauvais moment et que je la perde. Un accident est si vite arrivé : un yoyo qui se déroule à plus de 10 kilomètres à l'heure peut vous déloger une dent qui branle en moins de deux, et bonne chance pour la récupérer dans le gazon ! Je connais quelqu'un qui a perdu sa dent dans une piscine et qui ne l'a jamais retrouvée.

Bref, il fallait que je m'organise afin que le moment venu, je sois fin prêt ! Et ce moment était enfin arrivé. Ma dent était tombée au début de l'après-midi et je ne l'avais surtout pas dit à mes parents, car je ne voulais pas qu'ils le sachent. Oh, je ne doutais plus de l'existence de la fée des dents, mais

je voulais éliminer toute possibilité de contestation. Je savais que lorsque je raconterais à mes amis que la fée des dents m'avait visité, ils me diraient que c'était juste mes parents. Je les connais, mes amis, ils n'ont aucun sens du merveilleux! Mais si mes parents ne savaient pas que j'avais perdu une dent, ça ne pourrait tout simplement pas être eux. Vraiment, j'avais pensé à tout!

Au moment où j'ai perdu ma dent, je l'ai donc cachée dans une de mes poches et, depuis, j'ai évité de parler et de sourire. Jusque-là, personne n'avait rien remarqué et j'avais le reste de l'après-midi pour m'occuper de ma dent et préparer mon piège.

En premier, je me suis rendu dans la cour et j'ai jeté ma dent par-dessus le toit de notre cabanon. Je sais que, normalement, c'est par-dessus le toit de la maison qu'il aurait fallu la jeter, mais ma maison est trop haute. J'ai décidé qu'un cabanon, ça faisait pareil. Évidemment, j'ai aussi formulé un vœu, mais je ne peux pas vous dire lequel. On ne vous a jamais dit que révéler un vœu, ça apporte sept ans de malheur? À moins que ça ne soit sept ans de malchance? Ou sept ans de mauvaise humeur? En tout cas, il ne faut pas le dire!

Ensuite, j'ai essayé de creuser un trou dans la terre. C'était difficile, car la terre était encore gelée, mais j'y suis quand même arrivé. J'ai déposé ma dent, je l'ai enterrée, j'ai refait le même voeu et j'ai attendu un peu. Je ne savais pas combien de temps je devais la laisser là. J'ai pensé que deux

minutes suffiraient. Puis, je l'ai récupérée et je l'ai mise dans un verre d'eau, sous mon lit, ce qui signifiait que ma dent était donc aussi sous mon oreiller. Hé! Hé! Je suis un génie! Je ne savais pas si je devais refaire mon vœu, mais je n'ai pas pris de risque et je l'ai refait!

Finalement, j'ai passé le reste de la soirée à construire mon piège. Il me fallait concevoir un système qui me réveillerait au moment où la fée des dents entrerait dans ma chambre, ce qui me permettrait de la prendre sur le fait. J'aurais pu, bien sûr, rester éveillé toute la nuit, mais c'est bien connu, la fée des dents ne passe que si l'enfant dort! J'ai donc tendu un fil à pêche avec des clochettes dans le cadre de ma porte de chambre, j'ai éparpillé des écales d'arachides qui font un bruit épouvantable quand on y pose le pied et j'ai même branché une lampe avec un détecteur de mouvement. J'ai expliqué à mes parents, en parlant sans trop ouvrir la bouche et en faisant semblant de me gratter le nez, pour plus de sûreté, que j'avais construit un piège à fantômes et

qu'il ne fallait pas, sous aucun prétexte, qu'ils entrent dans ma chambre. Je suis très convainquant quand je m'y mets, alors ils n'y ont vu que du feu.

Je me suis ensuite couché dans mon lit avec mon appareil photo. J'avais rendez-vous avec Fernande, la fée des dents, et j'avais bien l'intention d'en garder un souvenir! Il ne me restait plus qu'à m'endormir..., mais j'étais tellement énervé que je n'y arrivais pas. J'ai essayé de compter des moutons, mais ils se transformaient en dentiers qui claquent et immanquablement, ça me faisait rire. Avez-vous déjà essayé de vous endormir en riant, vous? C'est IMPOSSIBLE, humainement impossible, je vous le dis. J'ai ensuite essayé de lire pour me changer les

idées, mais les seuls livres qu'il y avait sur ma table de chevet étaient *Le vampire des Caraïbes* et *Les mordus de sports*... Je n'avais pas le choix, j'allais devoir utiliser la seule arme qu'il me restait et qui se résume aux deux mots que ma mère me répète le plus souvent dans une journée : « Calme-toi ! »

11

Incroyable, mais... vrai !

J'ai dû finir, finalement, par réussir à m'endormir, car j'ai été réveillé par des cris, le lendemain matin. Par les cris de ma mère, en fait. Vous savez, le genre de cri à mi-chemin entre celui qu'on pousse quand on

découvre un monstre à deux têtes dans son garde-manger et celui qu'on lâche quand on se rend compte que le prof vient de tirer notre nom pour le tirage du mois : à la fois horrifié et totalement heureux.

Du coup, j'ai complètement oublié de regarder sous mon oreiller. Je me suis lancé en bas de mon lit et Crounch ! Crounch ! j'ai posé le pied sur des écales d'arachides. J'ai sauté à cloche-pied pour éviter de répéter l'expérience et j'ai perdu l'équilibre. Je me suis enfargé dans le fil à pêche et Aoutch ! me suis cogné la tête sur le cadre de la porte. J'entendais des cloches, mais je n'arrivais pas à savoir si elles sonnaient réellement dans ma tête ou si c'était celles que j'avais accrochées au fil à pêche, la veille…

Je me suis dépêché de retrouver mon équilibre et mes esprits pour me lancer dans les escaliers et sauver ma mère des griffes des dangereux je-ne-sais-quoi qui lui avaient fait pousser ces cris. Mais ce que j'ai aperçu, du haut des escaliers, m'a figé sur place.

Ma mère était plantée au milieu de la cuisine, entourée d'une multitude d'œufs de toutes les couleurs. Elle se grattait la tête en tournant sur elle-même et n'avait vraiment pas l'air de comprendre ce qui se passait. Mon père se tenait à côté d'elle, les bras pendant le long du corps, la bouche ouverte et les sourcils en accent circonflexe. Il y avait des tonnes d'œufs, de tailles et de couleurs différentes, répandus partout sur le sol et sur les comptoirs de la cuisine. On aurait dit qu'il avait plu des œufs dans la maison durant la nuit. Puis, je l'ai aperçu. Un énorme lapin en chocolat, déposé sur ma chaise, qui semblait me dire : «Hé! Hé! T'en fais une tête!» Un peu plus et il me faisait un clin d'œil en me lâchant «Joyeuses Pâques!»

Je n'en avais pas déjà assez comme ça avec cette histoire de fée des dents, voilà qu'il y avait maintenant autre chose : le lapin de Pâques ! Mais ça ne s'arrêtera donc jamais ?

12

Pas si vite, mon lapin !

Vous vous demandez ce qui s'est passé avec ma dent et surtout, avec la fée des dents? Ce n'est pas bien compliqué. J'étais tellement étonné par le spectacle qui s'offrait à moi que j'ai oublié de garder ma bouche fermée. Je me tenais en haut des escaliers, la bouche grande ouverte, et c'est ma mère qui m'a sorti de ma torpeur.

— Mais Philou, tu as perdu une dent? a-t-elle dit en lançant des regards étranges à mon père.

— Heu, oui, ai-je bredouillé, en continuant à fixer l'énorme lapin en chocolat qui ne me lâchait pas des yeux, lui non plus.

Avec mon enquête sur la fée des dents, j'avais complètement oublié que c'était Pâques ! Mes parents m'ont juré qu'ils n'avaient rien à voir avec cette inondation de chocolat, qu'ils avaient été aussi surpris que moi en découvrant tout ça à leur réveil et que c'était sûrement un coup du lapin de Pâques. Ma mère, qui a l'habitude d'insister pour que je mange des fruits et des fibres tous les matins, m'a étrangement proposé de déjeuner d'une oreille de lapin en chocolat ! Comme je suis gourmand, elle n'a pas eu à insister longtemps, mais c'était plus facile à dire qu'à faire... Avez-vous déjà essayé de croquer une oreille de lapin en chocolat avec une dent d'en avant en moins, vous? C'est pas évident!

Je ne saurai jamais ce qui s'est passé cette nuit-là. Ce qui est sûr, c'est que quand j'ai finalement pensé à aller vérifier sous mon lit, un verre d'eau vide m'y attendait. J'ai alors retenu mon souffle et lentement soulevé mon oreiller. Vous savez ce que j'ai découvert? Deux pièces de deux dollars et une d'un dollar! Mon père n'en

revenait pas quand je lui ai dit combien la fée des dents m'avait laissé !

Donc, non seulement je n'ai pas réussi à coincer la fée des dents, mais en plus, je me demande maintenant si le lapin de Pâques ne fait pas équipe avec elle pour berner les enfants. J'en ai parlé avec mon ami Marco et lui, il pense que mes parents me cachent des choses. Mais savez-vous ce qui m'embête le plus dans toute cette histoire ? C'est que mon vœu, vous savez, celui que j'ai fait trois fois ? Eh bien, il s'est réalisé !

De la même auteure

Enseigner l'écriture : revenir à l'essentiel, adaptation française de *Writing essentials* de R. Routman, Édition Chenelière / McGraw-Hill, 2009.

Enseigner la lecture : revenir à l'essentiel, adaptation française de *Reading essentials* de R. Routman, Édition Chenelière / McGraw-Hill, 2006.

Les cercles de lecture, adaptation française de *Reading Circles* de H. Daniels, Édition Chenelière / McGraw-Hill, 2005.

Quand lire rime avec plaisir, Édition Chenelière, 2004.

© Martine Doyon

ÉLAINE TURGEON

Lauréate du prix Cécile-Gagnon pour son premier roman, *Une histoire tirée par la queue*, Élaine Turgeon n'a de cesse de nous étonner par son imagination débordante. Conseillère pédagogique au primaire, elle connaît bien les enfants et c'est avec un plaisir évident qu'elle leur écrit des histoires singulières. Outre la série *Flavie* qui comprend quatre épisodes, elle a publié, au printemps 2006, *Ma vie ne sait pas nager*, son premier roman pour les adolescents.

GARANT DES FORÊTS INTACTES

L'impression de cet ouvrage sur papier recyclé a permis de sauvegarder l'équivalent de 8 arbres de 15 à 20 cm de diamètre et de 12 m de hauteur.

Achevé d'imprimer au Canada
sur papier Enviro 100% recyclé
sur les presses de Imprimerie Lebonfon Inc.

100%

BIO GAZ ÉNERGIE